SUBLIMES LUNES

KAMI GARCIA
MARGARET STOHL

SUBLIMES LUNES

Traduit de l'anglais (États-Unis)
par Luc Rigoureau

hachette

Photographies de couverture : © Mike Hill/Getty Images
© PhotoAlto Agency RF Collections/Getty Images

Traduit de l'anglais (États-Unis) par Luc Rigoureau

L'édition originale de cet ouvrage a paru en langue anglaise
chez Little, Brown and Company,
a division of Hachette Group Book, Inc.,
sous le titre :
DREAM DARK

Hachette Livre, 43, quai de Grenelle, 75015 Paris.

CHAPITRE I

L'histoire que personne n'a jamais entendue

Les petites villes sont réputées pour tout un tas de petites choses, mais aussi pour certains événements plus importants. À l'instar des histoires qui, au début, sont insignifiantes, jusqu'à ce que la rumeur les cultive au point de les transformer en légendes. Personne ne nous arrive à la taille, à nous autres habitants de Gatlin, quand il s'agit de cultiver une histoire. Peut-être parce que nous vivons aussi près de Charleston, cité qui abrite plus de demeures hantées que de maisons sans fantômes, chacune dotée d'une légende plus incroyable que celle de sa voisine. Au nom de quoi Gatlin devrait-elle être différente ? Et comment me suis-je débrouillé pour mettre dix-sept ans à le comprendre ?

Certaines des aventures qui me sont arrivées l'année dernière – pour de vrai – étaient si énormes et inconcevables qu'elles avaient des allures de mensonges. J'ai découvert que ma petite amie était un être surnaturel, une Enchanteresse accablée par une malédiction. Lena a fendu sa Dix-septième Lune et s'est Appelée elle-même, se vouant ainsi à la fois à la Lumière et aux Ténèbres. J'ai été obligé de lutter contre des créatures n'étant pas de ce monde et qui en remontreraient à n'importe quel odieux personnage de bande dessinée. Et, cerise sur le gâteau,

Macon Ravenwood, ancien Incube, a trouvé le moyen de ressusciter d'entre les morts.

Tout cela s'est produit avant juillet. Lorsque nous sommes rentrés à Gatlin, après notre voyage terrifiant à la Grande Barrière, les histoires – des vérités qui auraient dû être des mensonges – ont encore enflé.

Dans un cas, pour le moins. Celui de mon meilleur ami, Link.

L'un des plus gros trucs ayant eu lieu cet été-là, en dehors de la canicule qui n'en finissait pas et des criquets répugnants qui n'arrêtaient pas de criqueter et de répugner, a été l'arrivée d'un Linkube – un Link devenu un Incube – dans un Gatlin qui ne se doutait de rien. Elle aurait mérité la une du *Stars and Stripes*, cette histoire encore jamais narrée. Heureusement d'ailleurs. Parce que, si quelqu'un en avait eu vent, Mme Lincoln aurait été bien embêtée. Non que les baptistes aient édicté une règle de comportement officielle envers les Immortels – à l'exception de ceux qui vivent au ciel, s'entend –, mais le mot Incube suppose une nature tout sauf sacrée. Disons seulement que la mère de Link n'aurait guère apprécié d'en parler au pasteur lors de sa confession publique à la messe.

Et un Linkube n'aurait pas eu beaucoup plus de succès qu'un simple Incube.

D'après Link, ça lui était tombé sur la tête sans prévenir, comme l'enclume qui s'écrase toujours sur le crâne du coyote dans les vieux dessins animés de Bip Bip. Lorsque j'ai suggéré qu'il aurait pu se douter de quelque chose après avoir été mordu par un Incube hybride tel que John Breed, il a haussé les épaules et répondu :

— T'y étais pas, mon pote. Je suis là, assis à bouffer les tartines à la sauce blanche de ma vieille en matant le demi-cochon que je vais m'enfiler pour mon deuxième petit déj' tout en pensant déjà à mon troisième quand, *paf !* Tout change…

D'accord, je n'étais pas présent. Même si j'ai eu l'impression de l'être lorsqu'il me l'a raconté. Mais bon, je mets la charrue avant les bœufs, là.

Ceci est l'histoire du premier et unique Linkube de Gatlin. Vous ne la lirez pas dans le *Stars and Stripes*, et personne hormis moi ne vous la contera. Lena m'a conseillé de la rédiger, alors je me lance. Après tout, il faut que quelqu'un soit au courant.

C'est la légende la plus réelle de notre ville.

— Wesley Lincoln ! Je veux voir ta fourchette dans ta bouche tout de suite, jeune homme ! Et ne viens pas me dire que ce malheureux cochon a sacrifié sa vie pour rien !

Link était installé devant une assiette croulant sous une pile de bacon et de tartines à la sauce blanche. Rien qu'un petit déjeuner banal. Du point de vue du cochon en tout cas. Et de celui de Mme Lincoln. La table était couverte des habituels petits pains mal cuits et de leur sauce blanche trop épaisse. Si Link était dans un jour de chance, il resterait un fond de confiture d'abricots d'Amma au réfrigérateur, plus tard.

Il y avait un hic, cependant.

Pour la première fois de son existence, Link n'avait pas faim. Malheureusement, tenter d'en informer sa maternelle revenait à vouloir expliquer que rien de particulier ne distingue les baptistes des méthodistes. C'est-à-dire qu'on peut toujours l'expliquer, mais à condition qu'il n'y ait ni baptistes ni méthodistes dans le coin.

— Oui, madame, acquiesça-t-il.

Il baissa la tête et contempla le petit déjeuner qu'il avait englouti des centaines, voire des milliers de fois. Celui qu'il avait adoré jusqu'à ce matin-là.

— Alors ? aboya Mme Lincoln. Cette fourchette ? Je ne la vois pas bouger !

La sienne, en revanche, s'agitait à la vitesse de la lumière. Elle faisait des allers-retours comme si la mère de Link concourait pour le titre de championne du monde de l'assiette vide.

— Je n'ai pas très faim, m'man. J'ai dû choper une saleté.

L'excuse la plus minable qu'il ait trouvée. Celle-là même qu'il servait à ses profs quand il n'avait pas terminé ses devoirs. Ils y avaient eu droit tellement souvent qu'ils avaient cessé d'y croire vers le CM2.

Mme Lincoln plissa les paupières, son couvert en suspens au-dessus de son assiette.

— La seule saleté que tu aies attrapée de toute ta vie, c'étaient des poux, à force de jouer avec Jimmy Weeks, alors que je t'avais interdit de fréquenter ces gens-là.

Pas faux. Link ne tombait jamais malade, et sa mère le savait mieux que quiconque.

— Si c'est ta façon de me signaler que tu n'aimes pas mes tartines à la sauce blanche, tu n'auras qu'à préparer ton petit déjeuner toi-même, à partir de maintenant. C'est compris, Wesley ?

— Oui, madame.

Il cueillit une bouchée avec son bras valide, celui qui n'était pas en écharpe, ne réussit cependant pas à la porter à ses lèvres. Il fixa la sauce blanche. Elle avait l'air plutôt inoffensive. Sauf qu'elle avait une odeur à vomir, mélange de vieil aluminium, de beurre rance et, pire que tout, des ongles de sa mère. Link aurait préféré manger les poux de Jimmy Weeks.

— Laisse-le tranquille, Martha, intervint son père. Il est peut-être vraiment mal fichu.

Grave erreur. Mme Lincoln lâcha sa fourchette qui percuta le bord de son assiette en porcelaine.

— Je te demande pardon ? Tu as dit quelque chose, Clayton ? Il m'a en effet semblé t'entendre saper *mon* autorité, alors que tu es en train d'avaler le repas que *je* t'ai cuisiné.

Le père de Link déglutit.

— Je disais juste que…

— Rien du tout ! le coupa-t-elle. Ça vaudrait mieux pour toi.

M. Lincoln savait quand une bataille était perdue d'avance. Il avait appris à renoncer et à hisser le drapeau blanc devant son épouse sitôt après la naissance de leur fils.

— Pas un mot ! insista Mme Lincoln.

— Ça doit pouvoir se faire, soupira son mari.

La mère de Link se servit les tranches de bacon les plus croustillantes avant de se tourner de nouveau vers son rejeton, qui avait profité de l'intermède pour repousser sa nourriture sur les bords de son assiette.

— Maintenant que tu en parles, reprit-elle, tu as un drôle de comportement depuis ton retour à la maison, hier soir.

— Non, madame.

— Comment ça, non ?

— Je n'ai rien dit !

— Pas d'impertinences ! Oublierais-tu par hasard que c'est moi qui t'ai averti qu'à force de te commettre avec des gens peu recommandables, tu finirais par entacher ton nom ?

— Non, madame.

Link contempla la bouillie blanche. En matière de cuisine, sa mère n'était pas Amma. Cette dernière n'aurait pas plus accepté de goûter aux tartines de Mme Lincoln qu'elle n'aurait acheté des petits pains industriels.

— N'est-ce pas ce que je dis toujours, chéri ? s'enquit Mme Lincoln auprès de son mari, auquel elle ne laissa pas le temps de répondre afin de mieux houspiller son rejeton : Je te répète, mon garçon, qu'il est hors de question de salir mon nom. Les Lincoln font honneur à leur lignée depuis des générations.

Link releva la tête. Quand il vit de la sauce blanche dégouliner sur le menton de sa maternelle, son estomac n'y tint plus. Repoussant sa chaise, il bondit hors de la pièce et grimpa les marches quatre à quatre jusqu'à sa chambre.

— Wesley Lincoln ! cria-t-elle dans son dos.

— M'man ! Je crois que je vais...

Des bruits de hoquets nauséeux flottèrent dans l'escalier. Les parents de Link se regardèrent.

— Ce petit a dû attraper un méchant virus, décréta Mme Lincoln. J'appelle le docteur Asher pour voir s'il peut me le prendre entre deux rendez-vous aujourd'hui.

M. Lincoln reposa sa fourchette d'un geste hésitant. Toutefois, les méthodes d'intimidation de sa femme avaient dû faire long feu, car il ne put résister au plaisir de lâcher :

— C'est peut-être quelque chose qu'il aura mangé ?

Le regard que lui adressa sa chère et tendre était si venimeux qu'il aurait empoisonné un cobra. Sans un mot, elle ramassa toute la vaisselle qu'elle pouvait emporter afin de la déposer dans l'évier. M. Lincoln dut s'accrocher à la tartine qu'il n'avait pas encore terminée.

— Écoute-moi bien, Clayton. Parce qu'il faudrait quand même qu'on commence à m'écouter, dans cette maison ! D'ailleurs, si Mary Beth Sutton elle aussi m'avait écoutée quand je lui ai dit que son fichu mari était aussi fou qu'un renard dans un poulailler, elle ne serait pas dans les ennuis jusqu'au cou. Sissy Honeycutt m'a dit qu'elle avait appris par Loretta Snow que Mary Beth lui avait raconté qu'il avait emprunté le pick-up de leur fils Waylon et qu'il était allé jusqu'à Memphis ! Résultat, il a fallu changer les pneus.

Mme Lincoln continua ainsi de pérorer aussi vite que sa bouche le lui permettait. Bien obligée. Faute de quoi, elle aurait dû réfléchir au fait que soit son fils unique n'était pas en bonne santé, soit son unique recette de petits pains à la sauce blanche n'était pas bonne pour la santé.

Entre ces deux maux, elle aurait eu des difficultés à décider lequel était le pire.

CHAPITRE II

Abeilles, fleurs et Mötley Crüe

À l'étage, dans la chambre de Link, ce n'était pas la joie.

Enfin, il en était toujours allé ainsi, puisque sa mère lui avait interdit d'y modifier quoi que ce soit depuis ses huit ans. D'après elle, le papier peint pouvait tenir encore une décennie et, au demeurant, tout bon baptiste sait que la vanité est œuvre du diable. Résultat, la frise aux couleurs de *La Guerre des étoiles* continuait de border le plafond. Dark Vador avait tendance à peler sur le crucifix orné de l'arche de Noé et de ses animaux. Les trophées de basket, dont les plus anciens remontaient à l'école élémentaire, s'alignaient au-dessus des coupes gagnées lors de diverses rencontres sportives.

Et, au cas où quelqu'un aurait eu des doutes, une affiche de camp scout proclamait : GOD WANTS YOU[1].

Link avait ajouté TUBE après le YOU. Au crayon. Assez léger pour que sa mère ne le remarque pas sans ses lunettes de lecture, celles qu'elle réservait aux colis de papier kraft que lui expédiait Marian de la bibliothèque. Link s'amusait à les cacher car, expliquait-il, ça lui facilitait grandement l'existence quand sa maternelle ne voyait que la moitié de ce qu'il faisait. Ayant moi-même livré ce

---

1. Dieu te réclame. (Toutes les notes sont du traducteur.)

genre de paquets avec Liv et sachant par conséquent que la mère de Link lisait des romans à l'eau de rose, j'espérais toujours qu'elle ne retrouverait pas ses bésicles. Dire que c'était la même Mme Lincoln qui exigeait qu'on éteigne la télévision lorsque la nature se montrait un peu trop coquine dans les reportages animaliers !

Les CD de Link étaient rangés dans une boîte sous son lit, à côté de sa collection de BD et de quelques vieux magazines porno. Ce jour-là, cependant, même son comics préféré – *Batman, The Dark Knight Returns* – et son disque favori – un best-of des ballades heavy metal – ne parvenaient pas à distraire le type le plus superficiel de la ville.

Il n'arrêtait pas de repenser à la sauce blanche de sa mère et à son odeur de lapin écrasé sur la route. L'heure avait sonné de sortir la grosse artillerie. D'aller voir celle qui lui faisait tout oublier – sauf elle, justement.

Ridley. La vilaine fille aux cheveux blonds à mèches rose bonbon et au cœur en or. Enfin, plaqué or. Ce qui suffisait amplement à Link. À ses yeux – à ceux de l'intéressée aussi –, elle était la perfection incarnée.

Il songea à la nuit de l'Appel de Lena, qu'il avait commencé à surnommer la Nuit diabolique. Quand Ridley avait disparu, lorsqu'il l'avait crue morte, il avait d'abord eu l'impression qu'on l'avait transpercé avec une lance, puis qu'on lui en avait rebouché les trous quand il l'avait revue en vie quelques instants plus tard à peine. Elle lui avait sauté au cou et l'avait étreint comme n'importe quelle nana normale. Ça n'avait duré que deux minutes. Deux minutes géniales. Les deux plus chouettes minutes de la vie de mon pote.

À présent, debout devant le miroir de la salle de bains, Link subodorait que quelque chose avait changé. Même s'il n'arrivait pas à mettre le doigt dessus. Ses tifs blonds hérissés étaient toujours en pétard, son sourire de traviole toujours de guingois, ses prunelles bleues toujours azur. Et pourtant, il avait l'air plus sombre. Sa mère avait peut-être remplacé les ampoules une énième fois, histoire d'économiser l'électricité, de préserver les baleines ou tout autre machin que ses copines des Filles de la Révolution Américaine[1] avaient décidé de sauver cette semaine-là. L'âme de Link, en général.

Plus Link se regardait dans la glace en quête de ce qui clochait chez lui, plus il remarquait de détails nouveaux. Et pas si cloches que ça. Bien que ce soit *a priori* invraisemblable, son reflet semblait indiquer que son visage poupin, tant moqué par les filles, avait presque disparu au profit d'une mâchoire carrée susceptible d'encaisser sans broncher les uppercuts. Sa peau paraissait avoir été tendue sur la tête d'un autre, d'un mec plus âgé, plus beau, plus costaud. Ce dernier point au moins était indéniable.

Il tenta de se redresser, mais il avait adopté une attitude avachie depuis si longtemps que son corps ne parvenait plus à se rappeler comment se tenir droit. Il avait grandi d'au moins trois centimètres ces deux dernières heures. Était-ce seulement concevable ? S'il n'en était pas certain, Link se souvenait malgré tout que, la veille au soir, tandis qu'il cherchait le sommeil, il avait senti ses os craquer et gémir, comme s'ils s'étiraient littéralement en lui. Et sa peau le picotait, ses terminaisons nerveuses plus sensibles encore que lorsqu'il s'était écorché les genoux en s'essayant à la breakdance sur le bitume de la cour. Quant à son bras… la douleur avait l'air de l'avoir déserté en l'espace d'une nuit.

---

1. Soit « Daughers of the American Revolution », ou DAR. Société datant de la fin du XIXe siècle réservée aux femmes et impliquée dans l'éducation et la mémoire de l'histoire des États-Unis. Prônant des opinions conservatrices, les DAR ont soulevé la polémique à plusieurs reprises par leurs positions racistes, notamment à l'époque de la Ségrégation.

Link était beau gosse, ce jour-là, malgré l'incident du petit déjeuner. Ses centimètres supplémentaires méritaient quelques petites tensions osseuses ou toute autre bizarrerie ayant pu se produire. D'autant qu'il ne se contentait pas de grandir. Il avait aussi l'impression de devenir plus fort. Il jeta un coup d'œil en direction de la porte avant de gonfler ses biceps devant le miroir. Ouais, pas de doute, il y avait du granite, là-dedans.

— Ne m'oblige pas à réveiller ces bébés, lança-t-il à son image.

C'était un peu comme dans *L'Invasion des profanateurs*. Il était lui ; il kiffait toujours Black Sabbath et Led Zeppelin ; Ridley l'obsédait encore ; il souhaitait plus que jamais devenir un célèbre batteur. Mais le corps qu'il habitait semblait ne pas être le sien. Comme s'il l'avait emprunté. Ou volé. Si dingue que ça paraisse.

Il s'aspergea le visage d'eau. Il allait réécouter ses ballades heavy metal. Attrapant son iPod, il s'affala sur son lit. Quand son dos atterrit sur le matelas, un craquement sec retentit, et le meuble s'effondra à moitié sur le plancher. Les battements de son cœur s'accélérèrent, il n'en mit pas moins *Home Sweet Home* des Mötley Crüe, attentif aux paroles qu'il avait déjà entendues des centaines de fois dans l'espoir qu'elles couvriraient la voix de sa mère qui, au rez-de-chaussée, braillait comme un âne.

Sa pisse était chaude et jaune… bref, c'était de la pisse. Quelques heures plus tard, Link contemplait le flacon contenant son échantillon comme s'il renfermait une explication. S'il était sûr que ce n'était pas le cas, ça aurait au moins le mérite de le débarrasser de sa mère. Celle-ci était convaincue que les modifications physiques de son fils étaient le résultat d'une prise de stéroïdes. Link secoua la tête.

— On dirait de la citronnade au matin, après qu'on l'a oubliée près de son lit toute la nuit, commenta-t-il.

Pas plus capable de réagir à son nouvel aspect corporel qu'à tout ce qui lui arrivait, il laissa tomber et revissa le couvercle du flacon. Il écrivit son nom sur l'étiquette, là où l'infirmière, Wanda Beezer, lui avait ordonné de le faire. S'il n'avait pas encore vu le docteur Asher, il savait pour quelle raison il était ici. Sa maternelle avait été claire sur ce point, et ça ne devait rien à son bras en écharpe.

En effet, il était – au nom du ciel comme à celui des enfers – impossible de refuser d'avaler la cuisine de sa mère et de dégobiller deux minutes plus tard sans terminer chez le toubib. À moins d'avoir, dès le départ, un mot d'excuse dudit toubib vous autorisant à jeûner.

Si seulement elle avait oublié la sauce blanche ! Tout sauf ça. Il aurait peut-être réussi à avaler les tartines. Cette perspective le fit frissonner. Oh, l'odeur ! Peut-être pas, finalement.

Qu'est-ce qu'il avait ?

Il s'était efforcé de persuader sa mère qu'il allait bien... sauf qu'il n'était même pas parvenu à se convaincre lui-même.

Si ça se trouve, elle avait raison. Pas à propos des anabolisants. À propos du diable. Il ne comprenait pas ce qui se passait dans sa tête – et dans son corps –, mais ce n'était pas du tout normal. Non que ce qui traverse le crâne de Link ait jamais été normal, pour commencer.

N'empêche, ceci était anormalement anormal.

— Tu te drogues, Wesley ? avait demandé sur un ton sans réplique sa mère quand elle avait débarqué dans sa chambre, juste avant le déjeuner. Tu te gaves de marijuana ?

Elle prononçait le mot comme elle aurait proposé la botte à quelqu'un. *Marie-moi*.

Link ne mariait personne. Surtout pas sa mère.

— Non, madame. Veux-tu fouiller de nouveau mes tiroirs ?

Ça ne ferait jamais que la deuxième fois de la journée. Mais ça valait le coup, rien que pour avoir la paix.

— Pas de magazines cochons. Pas de films de Harry Potter. Promis juré.

Elle n'avait pas trouvé ça drôle. Lui croisait les doigts pour qu'elle ne mette pas la main sur ses CD d'Iron Maiden. Ça aurait été pire que de la marijuana.

Elle avait plaqué les poings sur ses hanches, ce qui n'était pas bon signe.

— Tu ne manges pas, et te voilà plus grand que Bobby Watkins[1]. Alors, si tu ne prends pas de marie-moi, tu dois avaler des stéroïdes, comme ces joueurs de football dont ils parlent tout le temps à la télé.

Vaincu, Link avait laissé tomber la tête contre le mur.

— Je ne suis pas joueur de foot, m'man, et je ne suis pas sous stéroïdes.

— C'est ce qu'on va voir, avait-elle rétorqué en fronçant les sourcils.

Elle était sur le point de voir, en effet.

On tambourina à la porte des toilettes.

— Tout va bien, là-dedans, Wesley Lincoln, ou faut-il que je vienne t'aider ?

— Une minute, m'man. Ce n'est pas comme si je pouvais appuyer sur un bouton.

— Pas d'insolence, Wesley !

Elle martela derechef le battant, et il comprit qu'il allait devoir sortir et l'affronter. Il ne fallait pas qu'il espère jouir de plus de cinq minutes de liberté aux chiottes, aujourd'hui.

Un petit déjeuner inachevé et quelques renvois, bon Dieu ! C'était à croire qu'il avait flingué un mec.

---

1. Ancien joueur de football américain.

Il ouvrit. Sa mère montait la garde, entre le docteur Asher et Wanda Beezer. Tous trois semblaient à bout de patience. Merde alors ! Personne d'autre n'était donc jamais malade, dans ce bled ?

— Viens, fiston, dit le docteur Asher en lui tapotant l'épaule. Ta mère pense que nous devrions causer. J'en profiterai pour jeter un coup d'œil à ton bras.

Wanda toussota et tendit une main gantée de latex.

— J'attends.

Link lui remit le flacon jaune et tiède.

Le docteur Asher regardait Link depuis l'autre côté de son bureau.

— Vois-tu, fils, parfois, quand un garçon et une fille, un homme et une femme, s'aiment pour de bon…

— Vous plaisantez, doc ? Cette conversation, je l'ai eue il y a un bon moment déjà.

Non que quiconque se soit donné la peine de lui expliquer les choses de la vie. Il les avait apprises ainsi que Dieu l'avait voulu : en espionnant le vestiaire des filles, à la piscine non chauffée de son camp scout.

— Ne m'interromps pas ! riposta l'autre en s'inclinant dans son fauteuil. Comme je disais, parfois, quand un homme aime vraiment une femme, il désire l'impressionner. Développer ses muscles, par exemple. Frimer un brin.

— Seriez-vous en train de me poser une question, doc ?

Link ne doutait pas que sa mère lui avait déjà parlé de son hypothèse sur les anabolisants.

Le toubib s'empara du dossier médical de Link et d'un stylo.

— As-tu le sentiment d'être en colère, ces derniers temps ?

L'hallu !

— Je ne sais pas, doc. Et vous ?

— Sois sérieux, Wesley. L'abus de stéroïdes…

Link cessa d'écouter pour se demander si les abus répétés à l'encontre du droit d'un fils à son intimité se verraient dans ses analyses d'urine. Il revint à la réalité lorsque son interlocuteur lâcha une phrase qui le glaça.

— Vu tous les changements mentionnés par ta mère, quand j'aurai examiné ton bras, je crois que je chercherai des marques.

Des marques ? Il lui fallut une seconde pour piger. Le médecin parlait de marques de piqûres, d'éventuelles traces d'injection. Ce n'était pas les marques auxquelles pensait Link.

Il se figea. Soudain, il n'était plus dans le cabinet du docteur Asher. Il était de retour dans la grotte obscure de la Grande Barrière, la nuit de l'Appel de Lena. La bagarre avait déjà commencé, et il s'interposait entre Ridley et John Breed, qui avait tout d'une espèce de robot psychotique. Il était hors de question que Link laisse ce maboul faire du mal à Rid, quel que soit le prix à payer. Mais à l'instant où il envisageait de se jeter sur lui, le type s'était volatilisé dans un bruit de déchirure. Link avait scruté les environs, à sa recherche.

La seconde suivante, il l'avait trouvé.

Les dents de John s'étaient enfoncées dans sa nuque.

Ça avait fait un mal de chien, ça l'avait brûlé comme les feux de l'enfer. Il avait entendu Ridley hurler, avait distingué un tourbillon de cheveux roses et blonds fouettant l'air quand elle s'était jetée sur John. À eux deux, ils avaient réussi à se débarrasser de l'Incube. À moins que celui-ci ait juste décidé de lâcher sa proie. Malheureusement, il avait laissé quelque chose derrière lui.

Deux marques ; deux trous en forme de canines.

Si Link ne se sauva pas sur-le-champ du cabinet, il ne prêta aucune attention à la fin de la visite.

Link n'est pas peureux, mais, cette nuit-là, il escalada ma fenêtre et me raconta tout. Il avait les jetons. Lena et Ridley essayèrent bien de lui donner un aperçu de ce qu'était l'existence des Incubes, pourtant même elles n'étaient pas en mesure de lui raconter tout ce qu'il avait besoin de savoir. En revanche, quelqu'un que nous connaissions tous en était capable.

CHAPITRE III

Un héros standard

Link n'était pas très chaud pour retourner dans les Tunnels des Enchanteurs. Il avait des questions, cependant, et Macon Ravenwood était le seul à pouvoir y répondre. Je proposai donc de l'accompagner. J'eus néanmoins besoin d'une bonne heure pour le convaincre qu'il n'allait pas exploser en un geyser de flammes à la seconde où la lumière du soleil le frapperait.

Quand elle apprit la nouvelle, Ridley piqua sa crise et refusa de nous laisser utiliser l'accès aux Tunnels qui se trouvait dans sa chambre. Ça ne devait pas être facile pour elle de voir Link se métamorphoser en créature surnaturelle alors qu'elle-même était désormais prisonnière d'un corps de Mortelle. J'étais bien placé pour savoir ce qu'elle ressentait. Depuis des mois, Lena devenait de plus en plus Enchanteresse sous mes yeux impuissants. Macon avait peut-être un manuel dans son bureau : *Comment sortir avec un X-Man quand on a été privée de ses pouvoirs.*

Bref, Link et moi nous retrouvâmes une fois de plus sur le champ de foire, en quête du Portail extérieur.

— Ta copine est vraiment une chieuse, marmonnai-je.

La touffeur était telle que je crus que j'allais m'évanouir. Link, lui, n'était même pas en sueur.

— Elle dit qu'elle n'est pas ma copine, mais c'est juste qu'elle fait semblant de pas être une fille facile, non ?

Ma référence à sa copine n'avait pas l'air de lui déplaire.

— Aucune idée. Ça fonctionne peut-être autrement, avec les anciennes Sirènes.

Je tirai sur la lourde trappe.

— Bon Dieu, grognai-je. On crève de chaud !

Mon tee-shirt était à tordre. Link haussa les épaules.

— J'imagine, ouais.

— Tu *imagines* ?

Gatlin n'avait jamais connu pareille canicule. Pas depuis que j'étais né, en tout cas. Les habitants se traînaient dans les rues en se répandant comme de vieux fromages.

— Je ne transpire plus. Ça doit être un truc d'Incube.

Il souleva la trappe d'une seule main, comme s'il retirait juste le couvercle d'un Tupperware. Son bras avait guéri à une vitesse supersonique.

— Plutôt cool, non ? Tu veux que je recommence ?

Sans me donner le temps de répondre, il laissa retomber le panneau. Un nuage de poussière monta du sol, déclenchant mes quintes de toux.

— Merci, mec.

— À ton service.

Il rouvrit la trappe. Je scrutai les abysses, hésitant une seconde, comme toujours quand j'étais confronté à un escalier que je ne distinguais pas. Link, lui, ne tergiversa pas. Il sauta. D'ordinaire, c'était moi qui passais le premier lorsque nous étions face à une situation potentiellement risquée.

— Tu t'amènes, mon pote ? lança-t-il dans le noir.

— J'arrive.

Combien de fois cela s'était-il produit ?

Le bureau de Macon était situé au pied des marches menant aux Tunnels depuis son ancienne chambre à coucher de Ravenwood Manor, celle que s'était désormais appropriée Ridley.

— T'es sûr qu'il est cool ? Qu'il n'aura rien contre ? murmura Link en effleurant la porte en chêne sculptée.

Je n'eus pas le loisir de le renseigner à ce sujet, car le battant s'ouvrit. Macon se tenait sur le seuil et nous couvait de ses prunelles vertes d'Enchanteur de la Lumière.

— Personne n'est plus cool que moi, comme vous dites, monsieur Lincoln. Surtout en cette période de canicule.

— Je… euh… ben, merci de m'avoir invité ici, monsieur, bégaya Link. Cette histoire d'Incube a surgi de nulle part et m'a botté le cul. Sans vouloir vous offenser.

— Pas de souci, répondit Macon en balayant ces excuses d'un revers de la main. Je ne doute pas cependant qu'il est inutile de vous rappeler que le terme Incube ne s'applique plus à mon état actuel.

— Pardon ? marmonna Link en plissant le front.

— Je ne mords pas, monsieur Lincoln. Non que j'aie mordu un jour.

Macon écarta le battant et recula pour que nous entrions.

— La différence, aujourd'hui, c'est que c'est au-delà du champ de mes aptitudes. Venez donc, afin que nous vérifiions s'il en va de même pour vous.

Link se gratta la tête. À mon avis, il ne pigeait pas la moitié du discours de Macon. Ça n'allait pas être fastoche.

— Voyez-vous, monsieur Lincoln, enchaîna l'oncle de Lena, arrive un temps dans la vie d'un jeune homme où son corps se modifie…

Link vira au rouge tomate. Il fallait croire que, dans l'univers des Enchanteurs, on racontait aussi des histoires d'abeilles et de fleurs. Je m'attendais à devoir traduire quand Macon finit par renoncer et prononça une phrase que Link comprit parfaitement. Une phrase que personne ne lui avait jamais dite, j'en étais sûr, notamment pas ses parents.

— Asseyez-vous, Wesley, et interrogez-moi sur tout ce que vous voulez savoir.

Link ne me demanda pas de l'escorter lors de sa visite suivante à Macon. J'en éprouvai une certaine culpabilité, comme si j'aurais quand même dû être auprès de lui dans cette épreuve. Mais Lena et moi avions été séparés si longtemps et de tant de manières que nous avions beaucoup à rattraper. Lorsque Link me révéla qu'il avait choisi Ridley à la place, je devinai que la catastrophe ferroviaire qu'était leur relation ne tarderait pas à repartir sur ses rails.

— Donc, je ne suis pas obligé de boire du sang ?

Link avait déjà posé la question à Lena le soir où il nous avait parlé de la morsure et lors de sa première visite à Macon. Visiblement, il avait vraiment besoin d'être rassuré à ce propos.

— Beurk ! lâcha Ridley avec un soupir théâtral. Le sujet est clos, Shrinky Dink.

Assise près de lui, elle se limait les ongles, l'air de s'ennuyer ferme. Pourtant, elle avait insisté pour l'accompagner.

— Désolé, monsieur Ravenwood. Lena m'a exposé les bases, mais j'avais une peur bleue, ce soir-là, alors je ne me rappelle pas grand-chose.

— C'est parfaitement compréhensible et légitime, acquiesça Macon en se versant un verre de thé glacé. La réponse est non, Wesley. Rien ne vous force à vous abreuver de sang. Puis-je me permettre de vous demander si vous avez éprouvé des envies inhabituelles ?

— Pas de sang, en tout cas.

La lime s'arrêta.

— D'autres choses, fils ? insista Macon.

Ridley examinait ses ongles avec une telle attention qu'on aurait pu penser qu'elle était mannequin main.

— Rien que l'amour d'une mère, lança-t-elle. Un contrat d'enregistrement pour un disque. N'est-ce pas, Shrinky Dink ?

Elle émit un bruit de gorge qui se voulait sûrement un petit rire, mais qui résonna comme un feulement. Pas très joli.

— Laisse-le parler, Ridley.

Link se tourna vers la porte comme s'il redoutait que sa mère soit de l'autre côté, l'oreille collée au battant.

— Observer ceux qui dorment, souffla-t-il.

Ridley ouvrit la bouche, la referma. Une fois n'est pas coutume, elle était à court de mots. Attentive aussi, à présent.

— Poursuivez, encouragea Macon. Cela est naturel, puisque vous êtes maintenant en partie Incube. Vos désirs sont différents de ceux des Mortels. Soyez franc. Nous sommes ouverts à tout.

Sauf aux habitudes de ce taré de Hunting qui vampirisait les autres.

Ridley détourna les yeux. Link passa une main nerveuse dans ses cheveux.

— Je… je crois que je voudrais… découvrir ce qu'ils pensent.

L'oncle de Lena opina.

— Savez-vous pourquoi ?

Link secoua la tête. *Parce que je suis fêlé ?*

— Ça correspond à la faim, Wesley. Dorénavant, vous serez systématiquement attiré par les réflexions et les rêves des Mortels, car c'est ainsi que se nourrit un Incube non sanguinaire.

Au mot « Mortel », Ridley s'était raidie, comme s'il la mentionnait elle, spécifiquement.

— Donc, je suis censé déchiffrer l'esprit des gens quand ils dorment ? s'enquit Link.

Toute couleur avait déserté les traits de Ridley. Elle semblait paniquée à l'idée que Link puisse se planter au-dessus de son lit afin de lire ses pensées.

Macon s'esclaffa. Il semblait se réjouir de cette occasion de montrer les ficelles du métier à un apprenti.

— On peut dire ça comme ça, acquiesça-t-il. Nous aborderons les détails demain, quand vous reviendrez.

Ce n'était pas une requête.

— Mais suis-je obligé de me nourrir ? insista mon pote.

Macon réfléchit un moment.

— J'ignore à quel rythme vous devrez vous y soumettre, vu que John Breed est un hybride. Je veillerai à ce qu'Olivia mène des recherches là-dessus.

Liv faisait profil bas depuis notre retour de la Grande Barrière. D'après ce que nous avions entendu dire, elle n'était jamais très loin de Macon. Ce qui, grosso modo, signifiait une existence au secret, puisque les braves gens de Gatlin croyaient Macon Ravenwood à l'intérieur d'une boîte en sapin, à six pieds sous terre dans Son Jardin du Repos Éternel.

L'intéressé avait l'air d'apprécier la situation à en juger par la petite fortune qu'il avait dépensée pour aménager sa tombe. En la matière, il ne se distinguait en rien du reste des habitants de Gatlin. Ce que lui, bien sûr, n'aurait jamais considéré sous cet angle. La seule différence, c'est que ses fleurs n'étaient pas en plastique, et que sa stèle se trouvait entourée de gardénias et d'hortensias en pots plutôt que de croix fluorescentes qui brillaient dans la nuit.

— Merci, soupira Link, reconnaissant. Je ne voudrais pas mourir de faim ni rien. Et je ne peux plus avaler la cuisine de ma mère.

— Quel dommage ! susurra Macon avant de boire une longue gorgée de thé. Les mets des Mortels constituent à coup sûr un atout inespéré de ma transformation.

— Vous savez, ce n'est pas tant le thé glacé que les gâteaux d'Amma qui me manquent.

— Je vois, ronronna Macon. Elle m'a justement apporté une délicieuse tarte au citron, cette semaine.

— À la crème ou meringuée ?

— À la crème.

La version meringuée était exclusivement réservée à oncle Abner. Macon et Link sourirent, le premier au souvenir de toutes les pâtisseries qu'il avait englouties autrefois, le second à la perspective de toutes celles auxquelles il aurait droit à l'avenir.

— Assez parlé tartes, intervint Ridley, agacée. Revenons aux pouvoirs. À propos, oncle M, tu n'as pas révélé les tiens. Quelle espèce d'Enchanteur es-tu ? Même si nous autres *Mortels* nous en fichons un peu.

— Il me semble que nous devrions nous focaliser sur Wesley, aujourd'hui, répondit Macon.

Il vida son verre, le remplit aussitôt.

— Il y a des avantages à être Incube, vous savez ? ajouta-t-il.

— La super force, par exemple ?

Link était de plus en plus costaud chaque jour qui passait. Rien que ce matin-là, il avait soulevé son vieux lit cassé d'une seule main, tandis que de l'autre il essayait d'attraper ses CD de contrebande.

— Entre autres, admit Macon. Vous êtes maintenant une créature surnaturelle, Wesley. Votre existence de Mortel est terminée. Et vous disposez de talents qui excèdent de loin une force physique exceptionnelle.

Ridley se leva et s'approcha de la cheminée. Elle déballa un chewing-gum. Pas un magique, susceptible de

Sceller une serrure afin de retenir Hunting et sa Meute Sanglante. Juste un Mortel Malabar.

Link se pencha en avant et posa les coudes sur le bureau. Ils abordaient enfin l'aspect qui l'intéressait le plus.

— Quel genre de talents ? Est-ce que je peux tordre du métal ?

N'importe qui aurait deviné que ce serait là sa première question sur le sujet. Ses référents ordinaires lui dictaient que ça ne valait la peine de devenir en partie Incube qu'à condition qu'il se transforme en Magneto.

— Je crains que non, répondit son mentor. Si ça peut vous consoler, vous êtes en mesure de tordre l'espace, si je puis me permettre cette expression.

— Hein ?

— Mais t'es idiot, ou quoi ? lâcha Ridley. Il veut parler du Voyage, là.

— Précisément. Vous êtes en mesure de vous dématérialiser, à présent. Ce qui est parfois fort pratique.

Link avait des doutes.

— C'est ça, souffla-t-il. Ça me paraît un peu tôt, monsieur Ravenwood. On ferait peut-être mieux de garder ça pour plus tard.

Ils discutaient encore quand Ridley s'éclipsa. Ni l'un ni l'autre ne s'en rendirent compte. Pourtant, ils ne causaient pas pâtisserie.

CHAPITRE IV

Blessures mortelles

Link grimpa l'escalier qui menait des Tunnels à Ravenwood Manor.

Où diable était passée Rid ?

Elle était en train de mâchouiller son chewing-gum près de la cheminée, puis, *pfuit !* elle avait disparu comme par enchantement.

Il souleva la trappe qui débouchait de façon bien pratique dans la chambre de Ridley. La moquette rose épaisse était lourde, ce qui n'empêcha pas Link de pousser le tout d'une seule main. Aussitôt, une violente lumière envahit le Tunnel, et il se protégea les yeux de sa paume libre.

— Bon sang, Rid ! Qu'est-ce que tu fiches ?

— Je t'interdis de débarquer en douce comme ça !

Une porte claqua, et la clarté s'obscurcit soudain, comme si Ridley avait appuyé sur un interrupteur.

— J'ai failli avoir une crise cardiaque, ajouta-t-elle.

Link s'était à peine extirpé de l'escalier qu'il découvrit l'ancienne Sirène assise par terre, le dos au placard. Elle avait l'air à peu près aussi innocent qu'un chat ayant des plumes dans la gueule, mais, lorsqu'il inspecta la pièce, il ne remarqua rien de particulier. Il n'empêche, c'était Ridley. Il inspecta de nouveau les alentours.

Rien.

— Pourquoi es-tu partie comme ça ?

Il se hissa sur le plancher, laissa la trappe retomber et s'assit devant la cousine de Lena.

— Tu crois vraiment que j'ai envie de rester à vous écouter, toi et mon oncle, parler de tes imbéciles de pouvoirs magiques ? rétorqua-t-elle.

Elle se débarrassa de ses chaussures et entreprit de masser ses orteils aux ongles rose et mauve. Link était interloqué. En même temps, aucune fille n'était aussi déroutante que Ridley.

— C'est toi qui as tenu à m'accompagner, protesta-t-il.

Elle rejeta ses cheveux en arrière, vieille habitude de Sirène dont elle ne se débarrasserait sans doute jamais. Ce geste avait quelque chose de triste, comme sa façon de déballer l'une de ses éternelles sucettes.

— Je suis une Mortelle, maintenant, Shrinky Dink. Tu n'as pas besoin de moi.

Lorsqu'elle se leva, il devina qu'elle envisageait de se sauver. Il l'attrapa par le bras avant qu'elle ne s'enfuie à toutes jambes.

— J'aurai toujours besoin de toi, Rid.

— Pour combien de temps ? répondit-elle en se mordant la lèvre.

— Mais qu'est-ce que tu racontes ?

Il était vraiment paumé. Pour lui, les filles en général étaient des extraterrestres, et celle-ci en particulier était leur reine.

— Écoute, enchaîna-t-il, dis-moi ce qui ne va pas.

— Cette situation, lâcha-t-elle. Nous. Ça ne fonctionnera pas. Nous le savons tous les deux, alors autant arrêter les frais tout de suite.

L'affolement serra la poitrine de Link. Elle allait se tirer, comme toujours dès qu'il avait l'impression qu'ils se rapprochaient enfin.

— Comment ça, Rid ? Tu es la nana de mes rêves.

Elle secoua la tête.

— Tu ne piges donc pas ? C'est bien ça, le problème. Je ne suis qu'une nana, justement, une Mortelle typique et sans valeur. Je ne suis plus une créature surnaturelle. Je suis une super-rien. Alors que toi, tu es un authentique Incube qui supporte la lumière du jour.

— Quarteron d'Incube, la corrigea-t-il.

— Ouais, eh bien, moi, je suis cent pour cent Mortelle, alors nous n'avons rien en commun.

Il la saisit par les épaules. Elle grimaça, et il s'efforça de relâcher sa prise avant de lui briser malencontreusement quelques os.

— Ce n'est pas nouveau et ça n'a jamais eu d'importance, objecta-t-il. Tu étais Sirène, moi un type normal. Tu étais À Se Damner, moi rien qu'un damné.

— Désolée d'être brutale, mais tu n'as jamais été aussi captivant qu'un véritable damné.

Elle lui adressa un sourire auquel il s'accrocha.

— En quoi est-ce différent aujourd'hui ?

Ces lèvres luisantes, cette moue de diva – il aurait donné n'importe quoi pour elles.

Ridley détourna la tête. Link finit par comprendre.

— Oh, ça y est, je pige, reprit-il. Lorsque c'était toi l'Enchanteresse, tout roulait. Maintenant que c'est moi, tout s'écroule, hein ? Parce que je ne suis qu'un pauvre crétin de rustaud ?

Il la lâcha, fourra les paluches dans ses poches. Ridley contempla le plafond, concentrée sur une fissure infime dans le plâtre autrement sans défaut. Il était bizarre de constater à quel point une seule minuscule craquelure était en mesure de gâcher la perfection d'une surface.

— Tu es un pauvre crétin de rustaud si tu crois ça, finit-elle par répondre d'une voix hésitante.

Il se pencha vers elle, appuya son front contre le sien.

— Est-ce qu'un rustaud a le droit de faire ça ?

Il l'embrassa le plus délicatement possible.

— Oui. Et ça aussi.

Elle se colla à lui, plaqua sa bouche à la sienne avec une ardeur presque violente. Avant de s'esbigner sans lui laisser le temps de protester.

N'empêche, il était presque certain qu'elle souriait quand elle avait décampé.

Il ramassa l'une de ses chaussures à talons aiguilles et l'examina. D'habitude, il se bornait à se demander comment elle arrivait à marcher avec ces machins – seul problème de physique auquel il consentait à réfléchir.

Mais là, il avait du mal à se détourner de la boîte posée près des souliers. Elle lui semblait familière même s'il ne réussissait pas à se rappeler pourquoi, quand bien même sa vie eût dépendu de la réponse. Peut-être qu'il était vraiment un pauvre crétin de rustaud.

S'il n'avait pas observé le carton à chaussures avec autant d'attention, il n'aurait sans doute pas distingué la lumière qui continuait de filtrer, étincelante comme une lampe, sous la fente de la porte du placard.

Lorsque, quelques jours plus tard, Macon donna une clef d'Enchanteur à Link, lui et Ridley s'étaient remis ensemble, copains comme cochons. J'éprouvais une sorte de jalousie. Pas à l'encontre de Rid. Envers Macon. Sérieux. Après tout, je lui avais sauvé la vie, et moi, je n'avais pas droit à un sésame d'accès aux Tunnels.

— Mais tu n'es pas obligé non plus de dissimuler à ta mère, qui ne tolère même pas les méthodistes, que tu es une créature surnaturelle, me fit remarquer Lena.

Pas faux, j'imagine.

Link n'eut pas à attendre longtemps pour essayer sa clef. Nous tirions des paniers dans la cour de l'école élémentaire sous une chaleur torride, le bitume fondait quasiment sous nos pieds, quand Boo débarqua, un morceau de papier coincé dans son collier.

Seize heures, monsieur Lincoln.
À l'endroit habituel. Nous avons à discuter.

Si le mot n'était pas signé, nous sûmes tous les deux de qui il émanait.

— Il me prend pour un espion, ou quoi ? râla Link.

Froissant la feuille en boule, il la jeta dans la poubelle en métal vert. Je m'attendais presque à ce qu'elle s'enflamme lorsqu'elle en heurta le rebord.

— Macon est censé être mort, lui rappelai-je.

Il fit rebondir le ballon d'une main dans l'autre.

— C'est vrai. Du coup, ce n'est peut-être pas aussi bizarre.

Sauf que ça l'était, et que ni lui ni moi n'étions dupes.

Si seulement nous avions pu deviner alors à quel point ça l'était, bizarre.

CHAPITRE V

Courrier prioritaire

Trois heures plus tard, Link frappait au bureau de Macon, dans les Tunnels. Il se demandait si son sésame pouvait fonctionner sur cette porte. Il n'en saurait sûrement jamais rien, car il était hors de question qu'il s'y risque un jour. Si Macon Ravenwood n'était plus un Incube, il restait un Enchanteur sacrément chatouilleux. Même s'il refusait de dévoiler la nature de ses pouvoirs.

Link listait l'étendue des possibles, lorsque le battant s'ouvrit. Macon Ravenwood tenait un verre de thé glacé. Tu parles d'un scoop ! À ce rythme, il allait devoir se l'injecter par transfusion.

— Monsieur Lincoln, vous m'impressionnez. Seize heures précises. Moi qui croyais que la ponctualité était devenue une qualité obsolète. Du moins aux yeux de vos contemporains.

Il s'écarta pour laisser entrer son visiteur.

— Euh… OK, monsieur.

Comme d'habitude, Link n'avait pas pigé un mot de ce que lui avait dit Macon.

— Je vous en prie, asseyez-vous, poursuivit ce dernier en désignant deux fauteuils Voltaire dans un coin de la pièce. Pardonnez mon message un tantinet cryptique, mais ce dont nous devons parler est d'une importance primordiale.

Link se laissa tomber sur l'un des sièges dont l'armature en bois protesta.

— Monsieur ?

— Je voudrais que vous portiez un pli urgent pour moi, Wesley.

Macon jeta un coup d'œil sur la table cirée entre les fauteuils. Une épaisse enveloppe de couleur crème y reposait.

— Que je poste une lettre ?

Carlton Eaton ne pouvait donc pas s'en charger ? Il était pourtant le facteur des Enchanteurs comme celui des Mortels de Gatlin.

Macon s'empara de l'enveloppe, la tint entre deux doigts.

— Il ne s'agit pas d'une simple lettre, expliqua-t-il. Son destinataire est l'un de mes vieux amis, il est indispensable qu'il reçoive ce courrier. Vital, même.

Voilà qui n'avait rien de très étonnant. Tout paraissait dangereux et important dès lors que Macon était impliqué. Link se gratta la tête.

— Pourquoi ne la livrez-vous pas en personne, monsieur ?

Une question légitime.

— Parce que le trajet est traître pour un Enchanteur, ce que je suis devenu.

— Mouais.

Link avait des doutes. Il avait beau ne pas être le plus malin des gars, il savait pertinemment qu'il n'existait pas grand-chose de traître pour Macon Ravenwood.

— Il me faut un Incube, or ma sœur est indisposée.

Link imaginait fort bien que Leah n'était pas du genre à laisser Macon lui donner des ordres, ni à elle ni à son espèce de puma domestique. Logique. Comme était logique la conclusion que, dans cette affaire, Link n'était qu'un larbin.

Il décida de renoncer à comprendre.

— Où dois-je aller ?

— À la Barbade, répondit Macon en lui remettant le pli.

Il était lourd, clos, scellé à la cire.

— L'île, vous voulez dire ?

À moins qu'il existe dans le Nord une ville de ce nom dont Link n'avait jamais entendu parler. Comme Le Caire au Mississippi. C'était tout à fait concevable. Il n'en savait rien. Il avait raté ses contrôles de géographie un nombre incalculable de fois.

Macon sembla amusé par la question.

— Exactement, monsieur Lincoln. Mais si vous empruntez les Tunnels, vous ne verrez sans doute pas la mer des Caraïbes. Obidias vit à l'intérieur des terres.

Obidias Trueblood. Tel était le nom rédigé sur l'enveloppe.

— Vous voulez que j'aille *à pied* jusqu'à la Barbade ?

— Vous pouvez Voyagez, si vous préférez. Ce qui serait plus efficace, évidemment.

Link n'était pas prêt à se téléporter où que ce soit. À ses yeux, c'était comme si on lui avait demandé de sauter d'un avion.

— Non merci, monsieur. J'irai à pinces, si ça ne vous dérange pas.

— Pas du tout. Mais dans ce cas, il vous faut partir sur-le-champ. Je ne saurais suffisamment insister sur l'importance de cette missive.

Link fourra celle-ci dans sa poche.

— Et comment suis-je censé dénicher la Barbade ?

Il avait réussi à se perdre, un jour, en se rendant à Charleston en voiture. Une autre fois, il avait même porté plainte pour le vol de La Poubelle, parce qu'il avait oublié qu'il l'avait garée sur le parking du Stop & Steal. Gros Lard en avait fait des gorges chaudes durant des mois.

Macon indiqua la porte du menton. Assis sur le seuil, Boo Radley patientait. Link aurait juré avoir vu le chien lever les yeux au ciel lorsqu'il le rejoignit.

— Très bien. C'est parti pour la Barbade, Boo.

Le clébard aboya.

— Et tâchons de ne pas trop nous barber en route ! Tu saisis ? Barbade, se barber. Pas mal, non ?

Boo poussa un gémissement et se tourna vers Macon, qui secoua la tête.

— Soyez prudent, monsieur Lincoln. Vous avez notre destin entre vos mains.

Voilà qui était une perspective plutôt terrifiante, même pour Link.

Devant lui, les Tunnels sinuaient et disparaissaient dans le noir. Rien qu'il n'ait déjà affronté. Ça aurait pu être pire. Il existait plus dangereux que ces souterrains et ce qu'ils étaient susceptibles d'abriter – tant que sa mère restait en surface, s'entend. Sa mère et, peut-être, ce flacon de pisse jaune.

De sa poche arrière, il tira ses fidèles cisailles de jardin et fendit l'air à plusieurs reprises, pour le simple plaisir. Il avait pris l'habitude de les emporter lorsqu'il rendait visite à Macon. Il se sentait bien mieux armé d'une paire de ciseaux géants – que ces derniers soient destinés à tailler des rosiers ou à couper l'épine dorsale d'un cochon d'Inde pendant les cours de rattrapage de sciences nat' organisés l'été. Non qu'il ait pratiqué l'une ou l'autre de ces activités. Ça n'avait aucune importance à ses yeux. Plus tôt cette saison, il avait été témoin de ce dont cet outil était capable.

C'était tant mieux au demeurant, car il était en train de s'enfoncer dans les Tunnels comme jamais auparavant. Il passa devant des endroits qu'il crut reconnaître, mais il avait la mémoire défaillante depuis sa naissance – un aspect que le sang d'Incube n'avait *pas* amélioré. Il identifia l'Exil, le bar où nous avions déniché Ridley et Lena en compagnie de John Breed et de toute une tripotée de créatures surnaturelles plutôt Ténébreuses. Link n'y aurait remis les pieds pour rien au monde. Heureusement, Boo avait l'air de savoir où il allait.

Le chien d'Enchanteur avançait à une vitesse régulière, se frayant soigneusement un chemin sur les coussinets de ses pattes. Lui et Link finirent par arriver à hauteur d'un coude plus sombre que les précédents. L'obscurité s'intensifiait au fur et à mesure que le cabot progressait. Link se rendit alors compte qu'il voyait dans le noir, désormais.

Ils y étaient presque. Encore quelques pas, et il pourrait remettre cette lettre puis filer.

Link ne cessait de se seriner cette incantation, bien qu'il ignore si elle correspondait ou non à la réalité. Il ne distinguait qu'une immense étendue ombreuse devant lui, pareille à un gigantesque tunnel ferroviaire, mais sans les rails.

Il tenta de se distraire en sifflant la dernière – et la pire – composition des Crucifix Vengeurs. Sauf que les paroles auxquelles il avait songé – à propos d'une ancienne et belle Sirène devenue Mortelle – ne collaient plus. L'ex-Sirène de la chanson était sa copine, elle était reliée à lui de dizaines de manières que son cerveau ne pouvait pas saisir.

Il pensait encore au sourire tordu de Ridley et à sa façon de mâcher tablette de chewing-gum sur tablette de chewing-gum comme le vieux Wallace Gunn fumait ses Lucky Strike à la chaîne lorsqu'il huma une odeur étrange et nauséabonde.

Un mélange d'huile de moteur, d'œuf pourri et de cheveux brûlés.

Il inspira de nouveau, manqua de vomir tant la puanteur était forte. Il scruta les ténèbres, mais elles étaient particulièrement denses, même pour un quarteron d'Incube. Et voilà qu'il y avait aussi des bruits. Pas du genre inoffensif, comme quand votre maison craque la nuit. Non, c'étaient des sons à vous flanquer une frousse de tous les diables.

Une respiration haletante et rauque. Un crissement sur la pierre.

Qu'est-ce que c'était que ça, bordel ?

Boo avait stoppé net et grognait, son poil noir hérissé sur le cou.

Deux prunelles jaunes transpercèrent l'obscurité des lieux.

Link était assez malin pour identifier les yeux d'un Enchanteur des Ténèbres lorsqu'il en croisait un. Surtout après s'être épris de l'une de leurs congénères depuis presque un an maintenant. Cette créature n'était pas Ridley, cependant. Il songea aussitôt à Sarafine. Il n'était pas certain de posséder assez de sang Incube en lui pour l'affronter. Boo gronda de nouveau.

La silhouette se rapprocha. Ce n'était pas Sarafine.

La vision de Link s'ajusta, et il discerna une peau lisse gris-noir. Il sut vaguement qu'il avait affaire à un homme. À ce qui en avait été un, du moins. Mis à part la couleur bizarre de l'épiderme et la tête si chauve qu'elle aurait pu appartenir à l'un de ces prétendus extraterrestres qu'on photographie régulièrement, les traits étaient humains. À l'exception des yeux jaunes énormes – fous, primaux –, tels ceux d'un animal enragé.

Ce truc le fixait, et ses prunelles s'écarquillèrent d'impatience, tandis que celles de Link s'agrandissaient sous l'effet de la trouille. La silhouette émergea de l'alcôve sombre où elle s'était planquée et, durant une seconde, Link eut la certitude qu'il s'agissait *bien* d'un homme. Vêtu d'un pantalon noir miteux trop court, à croire qu'il avait grandi dedans depuis longtemps. Rien d'autre.

Torse et pieds nus. Son corps avait la même teinte grisâtre maladive que son visage.

Toutefois, les similitudes physiques entre cette *chose* et un être humain s'arrêtaient là. Lorsqu'elle tendit une main vers lui, il distingua un pan de peau qui s'étirait de son bras à sa taille, un peu comme une aile déformée. On aurait dit un personnage sorti de ses BD. Malheureusement, là, il n'était pas en mesure de le faire disparaître en tournant la page.

Link se heurta à la paroi. Il sentit l'odeur du sang qui se mettait à couler le long de son coude. La tête de la créature fit un bond.

— Où va le garçon ?

Un frisson glacé parcourut le dos de Link. Cette voix avait des accents effrayants, de ceux qui, dans les films, laissent entendre que son propriétaire est bon pour la camisole de force. La chose semblait s'adresser à quelqu'un à côté d'elle, alors qu'il n'y avait personne. Enfin, Link l'espérait.

— Je… je passais, c'est tout, mec. Avec mon chien. Désolé de t'avoir dérangé.

— Le garçon erre loin de chez lui, et que voit-il ?

Les intonations montaient et descendaient comme pour marquer le rythme chantant d'une comptine atrocement terrifiante et cinglée. Link n'avait pas l'intention de s'attarder pour découvrir la réponse à la question posée. Il tenta de s'éloigner, la créature avança ses doigts brisés et tordus, exposant les trous qui perforaient ses espèces d'ailes noires. Elle dévoila ses dents dans une sorte de sourire démentiel tout en fredonnant l'abominable chansonnette.

— Le monstre dans le miroir qui veut me tuer…

Un instant, la chose regarda Link comme si elle lui avait soumis une devinette et qu'elle attendait qu'il la résolve. Ce dont Link était incapable, bien sûr. Le sourire se mua en rictus et, sans prévenir, la silhouette se jeta sur lui.

Boo chargea, mais l'autre l'attrapa en plein vol et le plaqua brutalement contre un mur. Le chien glapit, Link serra les poings. Quand des doigts gris-noir se tendirent vers lui, son instinct prit le dessus. Il se rua en avant et, la seconde suivante, il enroula sa paume autour de la gorge de la créature. Ce fut si rapide que, aussi surpris que son ennemi, il faillit oublier de refermer la main.

La chose se débattait en griffant l'air.

— Le garçon est trop loin de chez lui.

La voix était épuisée, elle ressemblait plutôt à un sifflement. Une main réussit à se plaquer sur la joue de Link, des ongles brisés s'enfoncèrent dans sa peau.

— Ne me touche pas, espèce de monstre !

Link balança le mutant, qui glissa dans la boue sur environ trois mètres. Jusqu'alors, Link ne s'était pas rendu compte à quel point il était devenu fort. Il regarda la silhouette sombre se relever. Un sourire étira les lèvres de mon copain. Cette créature n'était pas la seule à pouvoir jouer. Un Linkube était de la partie.

Boo s'était remis debout et rampait dans le Tunnel en grondant. Link brandit une main. Il se demanda si Macon assistait à la scène *via* les yeux du chien.

— Te bile pas, Boo. J'ai la situation en main.

Les prunelles jaunes se posèrent sur lui, et l'homme qui n'en était pas un se précipita vers lui comme s'il courait au ralenti. Link tira les cisailles de la ceinture de son jean et attendit. Son adversaire sauta sur lui.

Link sentit les lames s'enfoncer, il vit les yeux dorés s'élargir.

La chose retomba en arrière et s'effondra par terre. Elle ne bougeait plus, mais sa poitrine se soulevait encore lorsque Link déguerpit, Boo sur les talons.

CHAPITRE VI

Apocalypse

Link courut jusqu'à ce qu'il émerge du Tunnel noir. Même lorsqu'il ralentit, son cerveau continua de fonctionner à toute berzingue.

Qu'avait-il fait ? Bon, ce n'était pas comme s'il avait eu le choix. Ce truc aurait pu le tuer.

Mais qu'est-ce que c'était ?

Macon s'était-il douté que ce machin serait là ?

Plus il avançait, plus il se posait de questions. Son cœur ne cessa de battre la chamade que lorsque Boo s'arrêta devant un Portail. Et même alors il ne se sentit guère mieux. Non qu'il se soit senti bien ces derniers temps.

C'était donc ça d'avoir des superpouvoirs ? Est-ce que ça représentait un avantage injuste en cas de bagarre ? Même si votre adversaire était une sorte de monstre ?

Quand il franchit le sas et découvrit la maison, Link oublia tout cependant. Macon lui avait dit que son correspondant habitait à l'intérieur des terres : une plaisanterie, sans doute. Le repaire d'Obidias Trueblood avait été quasiment creusé dans le flanc d'une falaise. Les parois de planches grises gondolées se fondaient dans la pierre, et la maison était dangereusement suspendue au-dessus des vagues qui s'abattaient sur les rochers, en bas. Si l'une d'elles grossissait suffisamment, elle engloutirait l'habitation et l'entraînerait avec elle dans l'eau, Link en était sûr.

Qui diable pouvait vivre ici ?

Boo aboya, comme pour proposer une réponse. Link l'avait déjà, cependant. L'un des amis cinglés de Macon Ravenwood, voilà qui.

Il sauta de rocher en rocher jusqu'à se retrouver devant la façade de la maison qui regardait côté terre. Elle était percée de deux fenêtres de guingois et d'une porte que l'air marin avait décolorée depuis belle lurette. Un heurtoir rond en fer pendait au centre du bois en décomposition.

Link jeta un coup d'œil à Boo, qui le fixait avec impatience.

— Il n'y a peut-être personne ?

Le chien d'Enchanteur n'eut pas l'air convaincu.

— D'accord, je frappe.

L'anneau s'abattit sur la porte, laquelle s'ouvrit lentement.

— Bonjour ? lança Link.

Les lieux étaient déserts. Le quarteron d'Incube contempla le verrou et constata qu'il était cassé. Il entra dans le hall d'un pas hésitant.

— Bonjour ! Il y a quelqu'un ?

À l'intérieur, la maison avait tout d'une bibliothèque. Des volumes s'entassaient partout et, à l'exception de quelques sièges autour de la cheminée et d'une table en mauvaises planches, il n'y avait pas de meubles. Rien que des livres et des revues du sol au plafond, ainsi que des cartes punaisées sur les rares espaces vides des murs. La cuisine s'ouvrait sur l'un des côtés de la pièce principale, elle était dotée d'une vaste fenêtre qui surplombait la mer.

Il y avait forcément quelqu'un, un feu brûlait dans la cheminée.

— Monsieur Trueblood ? appela Link par-dessus le bruit du ressac au pied de la falaise. Je suis envoyé par Macon Ravenwood. J'ai un message pour vous.

Boo entreprit de renifler la salle et s'arrêta au seuil d'un long couloir. D'autres cartes étaient également accrochées ici.

— Tu flaires quelque chose, Boo ?

Les sens du Linkube étaient aiguisés eux aussi. Il inhala profondément : tabac de pipe. Il se guida au mélange de réglisse et de chêne jusqu'au bout du corridor, où une porte entrebâillée laissait filtrer un mince rayon de lune. Des voix… non, une seule voix résonna, suivie par un gémissement étouffé.

Une nouvelle odeur, plus familière, assaillit les narines sensibles de Link. Cuivre et sel. Du sang.

Il coula un regard dans l'étroit espace entre le battant et l'encadrement. Il y avait quelqu'un dans la pièce, qui berçait un vieil homme entre ses bras. Du sang dégouttait sur le plancher. Link aurait reconnu n'importe où cette veste en cuir et ces cheveux noirs lissés en arrière. Hunting Ravenwood ! Or l'Incube Sanguinaire ne soutenait pas le blessé. Il s'en nourrissait.

— Hunting ! beugla Link malgré lui.

S'il ne savait pas trop ce qu'il comptait faire, il avait bien l'intention d'agir. Il se rua dans la chambre en brandissant ses cisailles, cependant que Hunting relevait la tête et lui adressait un sourire sanguinolent et satisfait.

— Tu débarques un peu trop tard, gamin, lança-t-il en lâchant le corps. Je te liquiderais volontiers aussi, mais tu n'es rien.

Un bruit de déchirure parvint aux oreilles de Link. Hunting s'était éclipsé avant qu'il ait eu le temps de traverser la pièce.

Le vieillard, qui avait au moins une bonne vingtaine d'années de plus que Macon, à en juger par sa barbe blanche, gisait par terre, à l'endroit où son assassin l'avait abandonné. La fenêtre dispensait une lumière lunaire pâlotte qui nimbait ses traits de manière sinistre. Sa chemise blanche était tachée de rouge.

Boo aboya, l'homme bougea et tourna la tête. Ses yeux étaient couleur or. Obidias appartenait à l'espèce des Enchanteurs des Ténèbres.

Link s'agenouilla. C'est là qu'il comprit pourquoi le chien jappait. L'une des mains d'Obidias était repliée sur son torse. Sauf que ce n'était pas une main du tout. Link se pencha pour mieux voir, et cinq serpents noirs longs comme des doigts humains sifflèrent en mordant l'air. Ils émergeaient du poignet du vieil homme, en guise de main.

— Sainte merde ! s'écria Link en sautant en arrière.

— Ne t'inquiète pas, murmura Obidias. Ils ne s'attaquent qu'à moi.

Link se ressaisit. Ce n'étaient pas quelques reptiles qui allaient l'effrayer. Mais ce pauvre type était mal en point.

— Que s'est-il passé, monsieur Trueblood ?

— Abraham Ravenwood m'a envoyé un visiteur, toussota le vieux.

La peau de Link se hérissa à l'évocation du personnage.

— Pour quelle raison ? Vous êtes Ténèbres… Enfin, vous êtes l'un d'eux.

Secoué par une quinte de toux, Obidias s'efforça de reprendre son souffle.

— Non, je ne suis *pas* l'un d'eux.

— Je ne…

— Je n'ai pas le temps de t'expliquer. Macon doit apprendre ce qu'Abraham cherche à accomplir…

Le mourant pouvait à peine respirer. Il ne s'en sortirait pas. De sa main intacte, il attrapa Link par le coude, l'attira à lui.

— Je sais ce qui se trame… les conséquences. L'Ordre a été brisé.

Il ferma les paupières avant de les rouvrir lentement. L'Ordre dont il parlait était celui des Choses, celui qui avait été rompu la nuit de la Dix-septième Lune de Lena.

— Que va-t-il arriver, monsieur ?

S'ils réussissaient à découvrir ce contre quoi ils allaient devoir lutter, ils arriveraient peut-être à l'emporter.

— L'Apocalypse. La fin du monde Mortel tel que nous le connaissons…

Obidias faiblissait.

— Comment ça, l'Apocalypse ? Celle de la Bible ?

En existait-il seulement une autre ? Link n'en avait pas la moindre idée.

Les prunelles du vieillard étaient vitreuses, à présent.

— D'inimaginables plaies s'abattront sur l'univers des Mortels jusqu'à ce qu'il n'en reste rien, et les Enchanteurs seront impuissants à enrayer cette destruction.

— Que doit-on faire ?

— Certaines choses sont abîmées au-delà du réparable. Elles seront inévitables. Dis à Macon que je suis désolé. Vraiment désolé…

La tête d'Obidias roula sur le côté, son regard s'immobilisa et s'éteignit. Cessant de siffler, les serpents tombèrent sur sa poitrine. Il était mort. Link l'attrapa par les épaules et le secoua doucement.

— Monsieur Trueblood !

Trop tard.

La fin du monde Mortel.

La phrase hantait l'esprit de Link, encore et encore.

Il se leva et s'approcha d'un cendrier, dans lequel une pipe fumait toujours. Il la vida de ses braises. Obidias Trueblood n'en aurait plus besoin. Puis Link tira de sa poche l'épaisse enveloppe couleur crème. Cela non plus, le défunt Enchanteur n'en aurait plus l'usage.

Il contempla l'écriture de Macon. Cette lettre n'était pas pour lui. Il en avait conscience. Toutefois, son destinataire venait de mourir. Il déchira l'enveloppe, s'entaillant au passage le doigt sur le rebord du papier. Il sortit une carte, que son sang tacha. Il la fixa un long moment, les doigts tremblants.

Le carton était totalement vierge.

— Impossible !

Ses yeux firent la navette entre le prétendu courrier et l'Enchanteur décédé. Il n'y avait pas de lettre. Il n'y en avait jamais eu. Ou, du moins, ce message de Macon Ravenwood n'était pas destiné au vieillard mort. Il était adressé à Link – même lui le comprenait à présent.

Si cela tenait lieu de test, il espéra l'avoir réussi. Ce n'était pas dans ses habitudes, mais, comme on dit, il y a un début à tout.

Par ailleurs, Link savait que, cette fois, l'enjeu dépassait des cours de rattrapage estivaux.

Largement, même.

CETTE NOUVELLE VOUS A PLU ?

Donnez votre avis et
retrouvez la communauté
Black Moon sur

LECTURE academy.com

ET

/ BLACK-MOON-OFFICIEL

« Pour l'éditeur, le principe est d'utiliser des papiers composés de fibres naturelles, renouvelables, recyclables et fabriquées à partir de bois issus de forêts qui adoptent un système d'aménagement durable. En outre, l'éditeur attend de ses fournisseurs de papier qu'ils s'inscrivent dans une démarche de certification environnementale reconnue. »

Composition JOUVE - 45770 Saran
N° 2058654V

Imprimé en Espagne par RODESA
Dépôt légal 1re publication mai 2013

20.3532.7 – ISBN 978-2-01-203532-4
Édition 01 – mai 2013

Loi n° 49-956 du 16 juillet 1949
sur les publications destinées à la jeunesse.